对党忠诚·服务人民

执法公正·纪律严明

中国人民公安大学
培训学习笔记

公安机关人民警察誓词

　　我是中国人民警察,我宣誓:坚决拥护中国共产党的绝对领导,矢志献身崇高的人民公安事业,对党忠诚、服务人民、执法公正、纪律严明,为捍卫政治安全、维护社会安定、保障人民安宁而英勇奋斗!

干部教育培训学员管理规定

(2013年2月19日中共中央组织部制定并发布
2019年11月28日中共中央组织部修订)

为进一步在干部教育培训中加强学员管理、严肃培训纪律、切实改进学风,根据党中央有关规定,结合新时代干部教育培训工作实际,作出如下规定:

一、学员必须把深入学习贯彻习近平新时代中国特色社会主义思想作为首要任务和中心内容,把不忘初心、牢记使命作为终身课题,严守政治纪律和政治规矩,坚持理论联系实际,自觉加强思想淬炼、政治历练、党性锻炼,增强"四个意识"、坚定"四个自信"、做到"两个维护"。

二、学员参加学习培训,必须认真贯彻落实中央八项规定及其实施细则精神,严格遵守学习培训、安全保密和廉洁自律各项规定。学员所在单位和干部管理部门在学员参训前要进行纪律提醒,干部教育培训机构在发放入学通知时、学员入学报到时和学习培训期间,都要对学员明确纪律要求。

三、学员在校学习培训期间,应按规定住在学员宿舍,严禁教学活动日私自在外住宿。应在学员食堂就餐，教学活动日一律不准饮酒。严禁参加任何形式的可能影响学习培训、公正执行公务的宴请、饮酒和娱乐活动。学员之间、学员和教师之间、学员和工作人员之间不得相互宴请。班级、支部、小组不得以集体活动为名聚餐吃请，严禁酗酒、滋事。

四、学员外出参加现场教学、实地考察调研等活动时，必须着装整洁，言行举止得体，注意自身形象。不准警车带路，不接受任何宴请，严禁饮酒，一律吃自助餐或便餐，按规定缴纳住宿费、交通费、伙食费，不得参加与学习培训无关的活动。

五、学员不准接受和赠送礼品、礼金、有价证券、支付凭证、纪念品、土特产等，不得在校接待以汇报工作、探望为名的各种礼节性来访。学员之间不准以学习交流、对口走访、交叉考察、集体调研等名义互请旅游。

六、学员必须集中精力学习，学习培训期间不再承担所在单位的工作、会议、出差、出国（境）考察等任务，不得无故旷课，不得擅自离校。如因特殊情况确需请假的，必须严格履行请假手续。累计请假时间原则上不得超过总学时1/7。双休日、节假日外出必须报备，按规定时间返校。

七、学员必须端正学习态度，自己动手撰写发言材料、学习体会、调研报告和论文等，不准请人代写，不准抄袭他人学习研究成果，不准秘书等工作人员"陪读"。不得留公车驻校，不得借用其他单位和个人的车辆"伴读"。

八、学员在校期间及结（毕）业以后，不得以同学名义、以任何形式拉关系、搞"小圈子"，不得成立任何形式的联谊会、同学会等组织，也不得确定召集人、联系人等开展有组织的联谊活动，不得利用同学关系谋取私利。

九、干部管理部门要按规定将学员在校期间的主要表现记入干部人事档案，作为干部考核内容和任职、晋升的重要依据，对重点培训班次要派专人跟班。干部教育培训机构要切实履行学员管理主体责任，完善并严格执行学籍、学习、考勤等规章制度，从严管理、从严监督学员。

十、对违反本规定的学员，由干部教育培训机构视情节轻重予以约谈提醒、通报批评、责令退学等处理；对通报批评、责令退学的，处理结果要向学员所在单位和干部管理部门通报或备案；涉嫌违纪违法的，干部教育培训机构应将有关情况提供给学员所在单位和有关部门，依纪依法处理。

本规定由中共中央组织部负责解释，自2013年2月19日起施行，各干部教育培训管理部门和培训机构可结合实际制定贯彻执行的具体措施。

_____年___月___日 星期___

_____年___月___日 星期____

____年___月___日 星期____

____年___月___日 星期___

_____年___月___日 星期____

　　　　　年　　月　　日　星期

_____年___月___日 星期____

_____年___月___日 星期____

_____年___月___日 星期___

_____年___月___日 星期____

_____年___月___日 星期____

_____年___月___日 星期____

_____年____月____日 星期____

_____年____月____日 星期____

_____年___月___日 星期____

　　　　　　　　　　　　　　　　　　　　　　年　　月　　日　星期

____年___月___日 星期____

____年____月____日 星期____

____年___月____日 星期____

_____年___月___日 星期___

____年___月___日 星期___

_____年___月___日 星期____

_____年___月___日　星期____

_____年___月___日 星期____

_____年___月___日 星期___

___年___月___日 星期___

年　　月　　日　星期

_____年___月___日 星期____

　　　　年　　月　　日　星期

_____年___月___日 星期___

_____年___月___日 星期____

_____年___月___日 星期____

_____年___月___日 星期___

_____年___月___日 星期____

_____年___月___日　星期___

_____年___月___日 星期___

_____年___月___日 星期____

_____年___月___日　星期____

_____年___月___日 星期____

___年___月___日 星期___

____年___月___日 星期___

_____年___月___日 星期___

_____年___月___日 星期___

_____年___月___日 星期____

_____年___月____日 星期____

_____年___月___日 星期____

_____年___月___日 星期___

年　月　日　星期

____年___月___日 星期____

____年____月____日 星期____

_____年___月____日 星期____

_____年___月___日 星期____

			年　　月　　日　星期

_____年___月___日 星期____

____年___月___日 星期___

___年___月___日 星期___

_____年___月___日 星期___

____年____月____日 星期____

年　月　日　星期

_____年___月___日 星期____

年　　月　　日　星期

_____年___月___日 星期____

_____年___月___日 星期____

_____年___月___日 星期____

_____年____月____日 星期____

_____年___月___日 星期____

_____年___月___日 星期____

_____年___月___日 星期___

_____年___月___日 星期____

____年___月___日 星期____

_____年___月___日 星期____

_____年___月___日 星期____

_____年___月___日　星期___

_____年___月___日 星期____

_____年___月___日　星期____

____年___月___日 星期____

____年___月___日 星期___

____年___月___日 星期____

____年___月___日 星期____

_____年___月___日 星期____

____年___月___日 星期____

____年____月____日 星期____

年　　月　　日　星期

_____年___月___日 星期___

___年___月___日 星期___

_____年___月___日 星期___

_____年___月___日 星期___

年　　月　　日　星期

___年___月___日 星期___

____年___月___日 星期____

___年___月___日 星期___

_____年___月___日 星期____

　　　　年　　月　　日　星期

____年___月___日 星期____

___年___月___日 星期___

____年___月___日 星期____

___年___月___日 星期___

_____年___月___日 星期____

_____年___月___日 星期____

____年___月___日 星期___

_____年___月___日 星期___

_____年___月___日 星期___

_____年___月___日　星期____

____年____月____日 星期____

_____年___月___日 星期___

_____年___月___日 星期___

_____年___月___日 星期___

_____年___月___日 星期____

___年___月___日 星期___

_____年___月___日 星期___

_____年___月___日 星期____

_____年___月___日 星期___

_____年___月___日 星期____

_____年___月___日 星期____

　　　　　　　　　　　　　　　年　　月　　日　星期

_____年___月___日 星期____

    年   月   日 星期

_____年___月___日 星期___

_____年___月___日 星期____

_____年___月___日 星期___

_____年___月___日 星期___

_____年___月___日 星期___

年　　月　　日　星期

___年___月___日 星期___

____年____月____日 星期____

_____年___月___日 星期___

_____年___月___日 星期____

___年___月___日 星期___

___年___月___日 星期___

_____年___月___日 星期___

____年___月___日 星期____

　　　　年　　月　　日　星期

_____年___月___日 星期___

_____年___月___日 星期___

_____年___月___日 星期____

_____年___月___日 星期___

年　月　日　星期

_____年___月___日 星期____

_____年___月___日 星期____

___年 ___月 ___日 星期___

_____年___月___日 星期____

____年___月___日 星期___

_____年___月___日 星期____

_____年___月___日 星期____

_____年___月___日 星期____

研讨记录

研讨主题	
研讨时间		地点	
参加人员	

<table>
<tr><td colspan="2" align="center">研讨内容</td></tr>
<tr><td></td></tr>
<tr><td></td></tr>
<tr><td></td></tr>
<tr><td></td></tr>
<tr><td></td></tr>
<tr><td></td></tr>
<tr><td></td></tr>
<tr><td></td></tr>
<tr><td></td></tr>
</table>

研讨记录

研讨主题	
研讨时间	地点
参加人员	

研讨内容

研讨记录

研讨主题	
研讨时间		地点	
参加人员	

研讨内容

图书在版编目（CIP）数据

中国人民公安大学培训学习笔记/中国人民公安大学进修部编. —北京：中国人民公安大学出版社，2018.3
ISBN 978-7-5653-3195-4

Ⅰ.①中… Ⅱ.①中… Ⅲ.①警察—工作—中国—干部教育—学习参考资料 Ⅳ.①D631

中国版本图书馆 CIP 数据核字（2018）第 033081 号

中国人民公安大学培训学习笔记
中国人民公安大学进修部　编

出版发行：中国人民公安大学出版社
地　　址：北京市西城区木樨地南里
邮政编码：100038
经　　销：新华书店
印　　刷：北京市泰锐印刷有限责任公司
版　　次：2018 年 3 月第 1 版
印　　次：2025 年 6 月第 11 次
印　　张：10.5
开　　本：787 毫米×1092 毫米　1/16
字　　数：2 千字
书　　号：ISBN 978-7-5653-3195-4
定　　价：15.00 元

网　　址：www.cppsup.com.cn　www.porclub.com.cn
电子邮箱：zbs@cppsup.com　zbs@cppsu.edu.cn

营销中心电话：010-83903254
读者服务部电话（门市）：010-83903257
警官读者俱乐部电话（网购、邮购）：010-83903253
公安业务分社电话：010-83906108

本社图书出现印装质量问题，由本社负责退换
版权所有　侵权必究